I0568487

EX LIBRIS

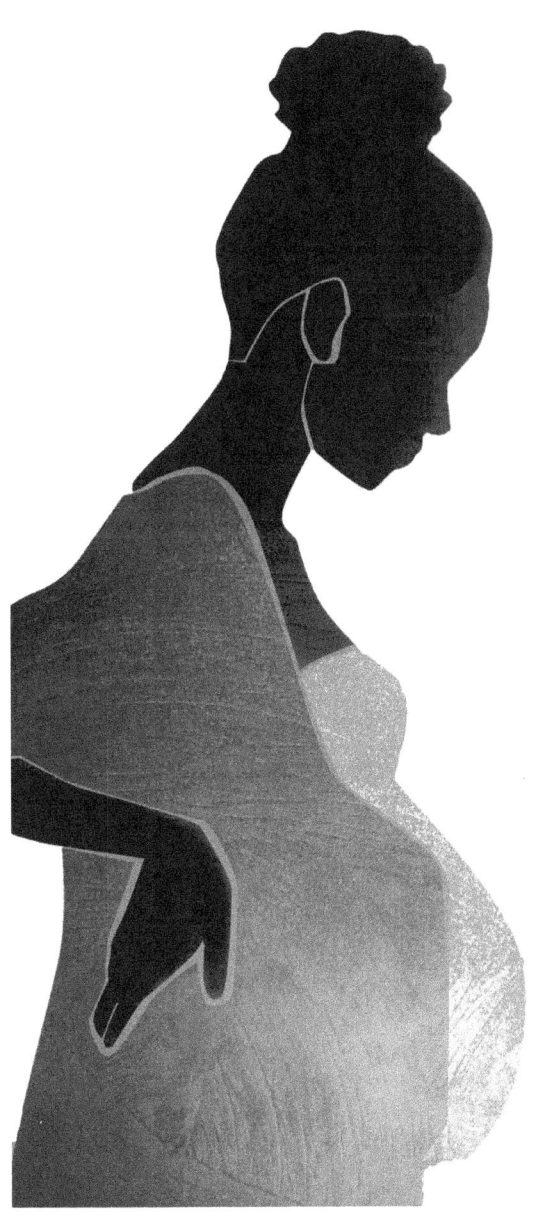

el
Llanto

poemas sobre el
malestar matutino

Tiffany Vakilian

Para obtener mayor información sobre compras al por mayor, comunícate con Speak Fire Publishing: info@speakfire.today.

www.speakfire.today

Print ISBN: 978-1-958978-06-1

eBook ISBN: 978-1-958978-07-8

Diseño de portada: Sharon Marta

Traducción al español: Maria Terreros

mariaterrerosinterpreter@gmail.com

Número de control de la Biblioteca del Congreso: 2022923861

Antes de que comencemos

Mi corazón se ha estado rompiendo.

Se ha roto y abierto, se ha roto al caer, se ha quebrado y ha quedado expuesto, se ha roto por completo, se ha roto y ahora es libre por completo.

El fruto de este proceso es demasiado personal, pero es extrañamente simbólico para una gran cantidad de dolores que se comparten a nivel universal. Mediante la poesía y el relato, yo les puedo mostrar quién soy. Pese a la manera en que caminé por el valle de sombra de muerte, los invito a comprender todo lo que he sido bendecida. Los invito a aprender a amarse mejor a sí mismos (y a mí), con la honestidad que les dan mis palabras. Los invito a romperse conmigo.

Vivamos de manera hermosa con esa luz sagrada que brilla a través de las áreas que algunos llamarían "menos" bellas o valiosas. Sabemos que esas áreas van mucho allá de contar sobre ellas, de mostrarlas y que implican mucho más de lo que podría decirse al compartir.

Esa luz es profunda.

Es poderosa.

Está aquí.

Prólogo

¿Tú conoces el llanto?

Viene de la mano de las lágrimas, aquellas que primero son como la niebla de la lluvia, como el rocío y que luego fluyen e incluso brotan a borbotones a través de la ventana que se abre y que se deriva de los ríos internos del alma. Nosotros no "conocemos" las cosas como son; las "conocemos" como somos nosotros.

La vida perfecta es un mito, y todos somos como piezas de arte aplastadas.

El arte japonés del Kintsugi brinda una lección sorprendente y es que al reparar lo que está roto, ¡hay un mensaje poderoso en el polvo de oro que se mezcla con el pegamento! El arte Kintsugi no oculta las grietas, sino que las honra al acentuarlas por medio del oro. Ellos celebran la presencia de las fracturas como partes hermosas de la historia de la cerámica. Así como cada pieza Kintsugi despliega una belleza asombrosa, nosotros —en medio de nuestro quebrantamiento tan particular y único— también podemos convertirnos en algo incluso mucho más preciado. No obstante, solo cuando somos transparentes y vulnerables podemos permitir que nos sanen el amor y el cuidado de otros.

Las palabras que estás a punto de leer no provienen de una experiencia en la cima de la montaña y de hecho, la autora pagó un alto precio por ellas. Son producto de una batalla recia en las tierras bajas, en el terreno baldío de su alma. ¿Conoces ese llanto?

¿Sabes qué se siente tener un hijo o una hija preciosa, o tener a niños que son parte de tu nube celestial de testigos, aunque desearías haber podido besar su naricita de este lado del cielo? Si no sabes, ¿conoces a alguien que cargue consigo ese llanto en su interior? Ese tipo de dolor me resulta muy familiar.

Patrick—mi bebé nacido a término pero muerto—dejó mi vientre el 12 de febrero de 1985. Hoy en día, yo todavía recuerdo con detalle los sucesos que me cambiaron para siempre.

¿Conoces ese llanto?

La vida es un caos y está llena de misterios encantadores, de aprietos frustrantes, de un gozo indescriptible y de un sufrimiento que desgarra el corazón. Nuestro dilema humano es aprender a danzar entre el dolor y la alegría; entre el mundo visible y el invisible. No podrás hallar la paz al evadir la vida. Y si demandas poder entender por qué suceden las cosas de la forma en que ocurren, perderás la paz que buscas. El bálsamo de la paz viene al buscar a Dios y confiar en Él, y es una sensación que sobrepasa todo entendimiento mientras te envuelve.

Si un grano de trigo cae a la tierra, ya no está solo, sino que se multiplica en muchas semillas. Tiffany nos ha desnudado su alma en esta tierra, labrada con mucho cuidado a partir de su llanto, y convertida en palabras que producen vida y que provienen de las profundidades de su espíritu, su alma y su cuerpo.

¿Dónde está, oh muerte, tu victoria?

¿Dónde está, oh muerte, tu aguijón?

Kathleen O'Donnell Dew

Madre de Patrick O'Donnell

Autora de *Diseños Divinos*

Ministerio *Dewnamis*

Febrero, 2022

Dedicatoria

Dedicado a los que no pueden escribir al respecto, pero que necesitan saber que jamás estuvieron solos en medio de todo aquello. Y a todos los que murieron por mí.

Con mucho de mí y con amor.

LAMÉNTATE

de la manera

que necesites.

Aparte de mi Diario, 2015

Yo estaba limpiando la casa y planeaba colgar algunas imágenes de pavos reales en el baño de huéspedes. Las fotos de los pavos reales insistían en enrollarse y yo no tenía marcos de 15x45 cm para ellas. Opté por ponerlas dentro de uno de mis libros más gruesos y pesados.

Las fotos de la ecografía también se habían enrollado. ¡Estúpido papel! Las había puesto allí para que se aplanaran hasta que hubiera un marco o un álbum para rendirle honor en privado y en un lugar especial. Las fotos seguían allí, sin esconderse. Esperando, supongo. Pero entonces las toqué, y un pequeño desgarro de mi corazón comenzó a sangrar un poco. Había pasado un mes. Casi dos.

Mis amigos dicen que eso se quedará conmigo para siempre. Me parece bien. A decir verdad, ¿quién quiere que se sane una herida tan hermosa como esa?

Así que ahora me pregunto si debería ir a terapia, porque he de admitir que de cierta manera me siento insensible, como anestesiada. A veces, cuando piso minas emocionales, puedo fingir muy bien. Es algo casi que risible. A nivel físico, ya superé el primer y quizás el segundo obstáculo. Todavía se está sanando, pero se avecinan más exámenes y cirugías que están pendientes. Por ahora dejaré en manos de los médicos el hecho de que mi cuerpo físico funcione de manera correcta. ¿Pero recibir ayuda profesional para superar a mi hijo? No estoy segura. ¿Cómo puedo conversar sobre la muerte de mi hijo Moisés? ¿Esa vida que nunca fue? ¿El nunca-fue que fue él?

¿Y quién soy yo para estar tan triste? Por supuesto, debería estarlo. Pero solo estoy triste a veces. Es confuso.

Admito que en cierto sentido, estoy llena de gozo. Quiero decir, también estoy devastada. Y, de nuevo, me siento honrada. Pero sobre todo tengo curiosidad. Y con paciencia aguardo las maneras en que mi hijo me enviará mensajes desde más allá del velo.

Gracias, Mo, por estar en mi nube de testigos, aunque habría deseado poder besar tu aliento de este lado del cielo.

Un Poco De Tiempo Cuántico

Estimulando la esperanza y la alegría

Pero la nostalgia abraza y se aferra

A un hermoso momento para mirar

De nuevo hacia atrás

A tus pies

A tu camino

Estimulando la esperanza y la alegría

Las piedras conmemorativas

pesan en el corazón

Mientras ruge la batalla

en el campo

Y una nueva vida se prepara

en el útero

Legado

telares con perfección profética

pero la nostalgia abraza y se aferra

mientras el momento se torna infinito

tan cerca del velo

atemporal

en el tiempo preciso

el tiempo es crítico

la esperanza y la alegría

se estimulan

Acepto

No sabíamos

pensamos que era el resplandor de la boda

el que me hacía brillar por dentro

por fuera

lluvia

sol

hijo

brillo

escondido en mis pliegues

viendo a papi

adornando mis dedos

esta vez en público

tú tuviste

la mejor vista de todos los que asistieron a la boda

no sabíamos nada sobre ti

pero estábamos a punto de enterarnos

Perspectiva Eterna

"No es amor aquello que se altera si la alteración encuentra..." William
Shakespeare

El tiempo cuántico está en mi melanina

A menudo, el amor tiene piel

La historia se pliega sobre sí misma

Yo he escuchado cosas peores

Me he sentido peor

Lo he hecho peor

Y luego inhalo la paz

Porque estoy aquí

Soy historia

Soy legado

Soy una persona nueva por completo

El amor es un principio de cuatro dimensiones

El tiempo cuántico es un acto de fe

Mi melanina está en todo aquello

Sorpresa

Nos sentamos en Hemet

En un buffet favorito

emocionados y conmovidos

Entregando la caja vacía

Celebrando la alegría de un nacimiento

Sorpresa

Compartiendo nuestro embarazo

Sorpresa

Ellos estaban muy confundidos

y nosotros nos reímos

cuando los corregimos

EL regalo

No estaba en una caja vacía

Sino que en cambio

Aguardaba

En el interior de mi vientre

Las lágrimas que compartimos

Estaban tan llenas de alegría

Como yo

No me arrepiento de la caja vacía;

Lamento cuánta verdad contenía.

2015...

Y entonces llegó el dolor.

Fue un viernes.

Al principio pensé que se trataba de un calambre de estreñimiento. Las vitaminas prenatales se destacan por bloquear los intestinos de las personas, tal como lo hace el embarazo en general. Pero no. Este dolor era diferente. Se asentó allí como el mal sazonado, como una piedra pulsante, enviando pinchazos por mi pierna derecha. Zumbó como un reloj despertador a las 3 a.m., pero en lugar de un sonido, lo que retumbaba era el dolor.

Debido a que yo recién había informado en mi trabajo que estaba embarazada (hecho después del cual me despidieron), Jesse tuvo que pedir algunos favores para actualizar el estado de nuestro seguro médico. No hay duda de que la mano de Dios se movió, pero ese primer ataque de dolor lo tuve que soportar en casa sin contar con certificado de afiliación a ningún seguro. Yo no quería ir a la sala de emergencias, esperar cuatro horas y que luego me dijeran que como estaba embarazada, lo único que me podían dar era acetaminofén.

Me aferré al sofá todo el día.

Mi suegra, la abuelita del bebé, vino a ver cómo estaba e incluso me preparó un poco de su maravillosa ensalada de papa alemana. Aunque a lo largo de toda mi vida yo había tenido un apetito poco convencional, durante el embarazo tuve antojos de carne roja y papas. Me resultó divertido ver que me provocaban cosas tan "normales". Bueno, para ser justos, una noche le pedí a

Jesse que me trajera a casa camarones y tostadas crujientes con canela.

De todos modos comí y descansé, y al día siguiente me sentí mucho mejor. Pensé que para no volver a sufrir ese dolor, iba a tener que cuidar el tema de la comida en serio, tanto de entrada como de salida.

Pausa

Aguarda, espera un minuto
Pensé que apenas estaba empezando
A punto de hacer esa cosa nueva y buena
Pero ahora estoy en pausa
Como las cuerdas de reemplazo
Espera
Aguarda
Un minuto
Todos los referentes de éxito deben caer en su puesto
No estoy sola en esto
Y todo el mundo tiene que encontrar su camino a casa
Así que aguanto
Es un minuto largo
Pero mientras espero
el mundo sigue girando
Sueños y momentos "ajá"
Izquierda y derecha
Y algunos de los que odian no se van sin pelear
Mientras aguanto esos
minutos de espera
Pausar es practicar la gracia con nuevas fuerzas
Creo que sé
De dónde vino
Todo este tiempo he sido una semilla sembrada

Y ahora
Yo
sostengo a otros
Mientras ellos
Aguardan

Vé más profundo

A veces tienes que sumergirte

y zambullirte en lo profundo

Yo quiero hacerlo

pero primero tengo que atravesar

Corazón, lengua y pluma ungidos

Una y otra vez

Fuera de control

Las heridas son re-abiertas para una limpieza profunda

Los cortes son quirúrgicos

El rango funk de la desesperanza

Corazón, lengua y pluma ungidos

Una y otra vez

La falta de ayuda—no ayuda

Aunque de alguna manera beneficia mi alma

Es un gran llamado

Un trabajo honorable

El nivel de habilidad aumenta

Para igualar las manos que nos bendicen

Corazón, lengua y pluma ungidos

Una y otra vez

Me sumerjo profundo y expando mi confianza

Mi consuelo no necesita voz

Prefiero estar sana que limpia

Me sumerjo

Me gustaría presentárteme

Ungida

Corazón

Lengua

Pluma

La Ventana Abierta

Los tiempos dorados llegan a la mente en la flor del verano

Las rimas tontas como las monedas de diez centavos rodantes, son semillas en un campo de girasoles

Lluvia y calor, suave y dulce

Mirando por la ventana

Pan y cerveza, aquí y allá, arden en el calor del verano

La familia, los amigos, los lazos estrechos y los cabos sueltos se suceden cada hora

Obsequios y charlas, me sentía fabulosa

Mirando en la ventana

¿Para dónde te fuiste?, ¿cuánto tiempo ha pasado?

las preguntas abundan en el verano

Te he extrañado tanto, ¡ay, cómo has crecido! Revolotean las reacciones amorosas.

Ven y visítanos antes de que te lo pierdas

Alguien podría cerrar la ventana

El tiempo es un genio, una bestia, una campana, anunciando el final del verano

Hay un millón de cosas que contar antes de que el día se derrita como mantequilla

El regalo es la presencia, incluso mucho más que las lecciones

Mi recuerdo de esa ventana

2015...

Ese lunes llamé a la oficina de obstetricia. Les dije que sabía que se suponía que debía esperar hasta que estuviera confirmada la remisión, pero que tenía demasiado dolor. Me recibieron esa tarde ¡Alabado sea Dios!

Llegué con tanto dolor que a duras penas podía caminar, mucho menos sentarme. Todas las personas de Obstetricia Scripps OB en Encinitas fueron muy colaboradoras. Ultrasonidos y preguntas, trámites y análisis de orina, fueron casi como un baile aburrido de no ser por el dolor y el pronóstico. Sally, la partera que me vio ese día, me formuló Norco (Hidrocodona), un narcótico muy fuerte, y me dijo que quería que volviera ese jueves para reunirme con el Dr. F, el obstetra. Mi edad no hizo que el embarazo fuera tan riesgoso como los fibromas de tamaño inusual que se estaban devorando el espacio de mi matriz...

Se Necesita una Habitación

Necesito una habitación

Una habitación dorada

Caliente

La quiero como un horno

Un espacio donde pueda cocinar mis sentimientos como un roux

Un espacio que pueda usar para formarme a mí misma

Es una receta antigua

Pero con muchos pasos

Mi orgullo, salado

Mi culpa, demasiado dulce

Mi griot, rico pero bajo en cantidad

Mi propósito, medio crudo

Necesito una habitación

Una habitación dorada

Donde pueda enamorarme de mi misma

Una vez más

Y como si fuera completamente nueva

De una forma que le dé vida a mis bebés

Donde pueda satisfacer el dolor de mis gritos no gritados

Necesito una habitación

Y necesito un espacio

Grande y pequeño

Como las palabras

Más o menos, por favor

Pero que siga siendo una habitación dorada

Donde pueda echarle loción a mis sueños cenicientos

Cubrir mi corazón con la salsa del amor

El legado de mi cuerpo

mi raza

mi sexo

mi espíritu

todo ello

En una habitación dorada brillante

Una de sol

E hija e hijo

Una en la que pueda flotar como un río

Meterme apretada dentro de ella como si fueran unas botas sensuales

Donde mi cuerpo es justicia

Donde simplemente es

Necesito espacio

Necesito una habitación

Piedras Candentes

Siempre habrá incendios

Y

Habrá piedras

Considera esto:

A veces el fuego quema solo la superficie

Calor y dolor

pero no incinera nada duradero

otorgarle demasiado peso a

ese dolor

tan ido

tan de ayer

tan presente hace eones

es casi tonto

mientras construyes

o

eres construido

Y a veces, el fuego derrite

lugares duros

y los convierte en bloques de construcción

joyería

arte

o en prueba

en una sola prueba

de poder de permanencia

de supervivencia
de la belleza de aferrarse
"Fuego, no me rompiste"
dice la piedra
se queda la piedra
permanece La Piedra

2015...

Cuando la abuelita se enteró de que estaba tomando Norco, entró en un frenesí de preocupación, al punto tal de que tuve que decirle que me estaba estresando.

El Norco fue un alivio bienvenido, aunque el dolor nunca desapareció por completo. Yo sentía cuando la droga se desvanecía. El dolor me subía por la columna como si se despertara de un sueño.

En una semana, ingerí 30 pastillas...

Sin Título

Conocí un eco

Que vivió en mí

Una posibilidad turbia de destino cronometrado

Ahora y el infinito

Pero no sabía que estaba tocando el exterior del tiempo

Cuando apoyaba mi mano en mi barriga

Por fuera del vientre

Por fuera del velo

Llegaste, pero solo por fuera

Solo como un eco

2015...

El dolor era como un matón, trataba de atraparme desde cualquier grieta o hendidura que yo abría. Era una agonía...

Lluvia en una Hoja

Soy una hoja bajo la lluvia

Sobre la cual fue vertida el agua, para ser limpia

Estoy brillante y prístina

Como la gloria de la mañana todo el día

Soy un árbol en la tormenta

A veces palma, cedro, roble

Incluso si me cortan,

Avivo los fuegos donde puedo

Soy poderosa

Derramo amor desde donde proviene

Este canal ha comenzado

A entender su destino

Tú también eres un tesoro

No necesito ser como tú

Sigue haciendo lo que TÚ haces

Permite que la lluvia caiga sobre ti

Lo Que Puedo Cargar Conmigo

Nunca sabes qué es lo que alguien carga consigo o cómo está diseminando esa carga por su alma.

No puedo decir con certeza que ninguno de nosotros lo esté haciendo bien, y la idea comparativa de que algunos lo están haciendo mejor es como pedir que te echen ácido encima.

Hay Gozos para llevar con uno. Hay cargas. Hay recordatorios. Hay legados.

Cuando sabes que te están cargando, ¿te preguntas qué es lo que estás llevando contigo? Cuando estás cargando con alguien, ¿consideras lo esa persona trae consigo para la travesía?

Gran parte de la conexión se basa en la carga, pero luego, hay mucha conexión basada en la fuerza.

Pregunta…

Te ruego que formules la pregunta

¿Qué cargas contigo?

¿Qué cargo conmigo?

¿Qué puedes cargar contigo?

¿Qué puedo cargar conmigo?

2015...

En realidad nunca hubo un alivio genuino. El dolor me mantenía despierta por la noche, lo cual agotaba mi energía durante el día. Perdí el apetito, y me forcé a comer cuando lo único que quería era ser libre de la molestia.

Análisis de sangre, análisis de orina, una recolección de orina de 24 horas y ningún alivio a la vista. Me reuní con el Dr. F, un hombre alto y mayor con una pequeña cruz dorada que se asomaba entre su bata de médico. Era práctico, pero de todos modos fue amable al compartirme sus preocupaciones. Recuerdo que el timbre de su tono de voz era consistente y no era demasiado profundo. Él ya había tenido charlas como esta. Mientras él hablaba sobre lo que pasaba por dentro, yo observaba las paredes de color crema. Mis riñones estaban permitiendo que en mi orina hubiera demasiada proteína, algo llamado proteinuria. Y los fibromas eran enormes. Tenía 13 semanas de gestación, pero el médico de atención primaria que me vio antes de ser remitida donde el Dr. F, pensó que tenía 25. Fue el Dr. F quien me envió donde el Dr. T para una ecografía de segundo nivel. El edificio quedaba como a 50 metros y yo sentí que podía llegar hasta allá sin mover el auto.

Entré en el nuevo edificio y tomé el ascensor hasta el nivel inferior. Era un día color acero, y la lluvia me azotaba la nuca, fría e irritante. Tenía mi sombrilla fabulosa, la blanca con mango de Katana inspirado en Michonne, pero opté por dejarla en el auto. Más tarde deseé haberla llevado conmigo, aunque solo fuera para usarla como un bastón que soporta el peso. Anduve un poco de aquí para allá, y por fin encontré el nivel inferior del edificio. Nunca olvidaré lo bonito que era el follaje que observé al mirar por las ventanas. Era esperanzador, con tinte melancólico. El vestíbulo de la oficina era una cueva, muy acorde con las emociones del día y con el clima correspondiente. Cuando entré en el consultorio para la ecografía, casi que sentí que me había sumergido bajo el agua, y que las profundidades oscuras se iluminaron solo con las imágenes en la pantalla. Luego de terminar regresé a la "entrada de la cueva" y me senté bajo los candelabros amarillos de la pared, a la espera de los resultados.

El Dr. T, el perinatólogo, era más alto y delgado que el Dr. F, pero básicamente decía lo mismo. Los fibromas estaban causando todo mi dolor y hacían que la probabilidad de un parto prematuro y un parto por cesárea fuera más palpable. Mientras hablábamos acerca de las cosas, tuve lo que denominé un "espasmo de dolor" en la oficina del perinatólogo: una daga oxidada se lanzó a través de mi matriz, con el objetivo de llegar hasta la coronilla de mi cabeza. Todo mi cuerpo se paralizó y no logré sofocar el susurro de agonía.

El gemido se defendió, subiendo por mi garganta como una tetera apagada y robándome la capacidad de hablar. El perinatólogo se ofreció a admitirme en la sala de emergencias. Me tomé un Norco frente a él mientras luchaba contra mi propio cuerpo. Gané, pero eso también me agotó. Debería haber dejado que me admitiera, pero solo quería irme a casa. ¿Acaso fue estúpido de mi parte? Después de todo ese tiempo en la oficina del perinatólogo midiendo mis fibromas y tratando de averiguar el sexo del bebé, solo quería llegar a mi cama e intentar que el Norco me quitara el dolor...

El diablo Viene

Él viene a destruirme para que me quede en silencio

Alguien necesita páginas para llorar dentro de ellas

Sola a las 3:20 de la mañana

Intentando ser fuerte mientras los músculos tiemblan por el exceso de uso

Perdiendo poder

Él viene a distraer, lo cual constituye robo de pasión

Y yo ardo con la sanidad del dolor

Sola a las 3:21 de la mañana

Dejo que las lágrimas caigan dentro de mi corazón, dentro del texto

Ganando descanso

Él viene y no hallo las ganas para luchar

Pero en mis páginas clamo: "¡Dios, ayúdame!"

Y la paz que responde es un viento que sopla y resuena

No estoy sola, ni siquiera a las 3:22 de la mañana

Y se proclama la victoria

Sobre aquel que viene

2015...

Cada vez que escuchaba los latidos del corazón de mi pequeño "Buttbutt", o lo veía moverse en la pantalla de la ecografía, mi corazón saltaba de esperanza y, a menudo, lloraba. El latido del corazón de "Buttbutt" siempre fue fuerte, y era difícil captarlo sentado y quieto. El pastor Mike decía que tenía "fiebre boogie" (como la canción), y yo siempre me reía porque "Buttbutt bailaba demasiado". Oré y le dije a Dios que soportaría todo el dolor por mi bebé.

El dolor empeoró y tuve que conseguir una recarga de Norco. Se suponía que ese viernes me vería con el Dr. F, y me propuse hablar con él sobre otras opciones para lidiar con el malestar. Ya tenía 16 semanas, pero mi vientre estaba mucho más grande. Los médicos siempre debatían sobre mi fecha de parto. 17/7, 20/7, 23/7, 27/7: se decidieron por el 20/7, pero carecían de plena certeza. Aunque tenía 16 semanas, la medida de mi barriga era casi la de alguien con 27. Y el dolor no cedía...

_____

Aire Exterior

Los planes mejor trazados nunca se comparan con la expectativa cumplida a cabalidad

Incluso en su mejor día

El plan no es mejor que la realidad andante

Pruébalo

A veces hay una razón para llorar

Porque la vida no es recuerdo

Y el plan no es la realidad

Cuando hiciste crecer un árbol

que técnicamente es

una semilla inmóvil, sacrificada y muerta

Tuviste que ponerla en el suelo

Dejarla hacer lo que hacía

Sin nadie más alrededor

Sin me gusta en Facebook

Sin tuits

Sin Instagram

Sin público o espacio exterior para crecer con desenfreno

Sin mosquitos ni pájaros

Solo con sueños y palabras

A veces sales a paso lento

Pero crecer se trata de eso

Tu cima de la montaña ofrece una gran vista

Pero solo a los que están arriba contigo

Algunas personas todavía tienen pendiente seguir escalando

Yo no soy esa montaña allá

Estoy subiendo mi propio conjunto de escaleras

He sido gravada

Como lección y profesora

Para subir de nivel

Las lágrimas a veces

Van con las rimas desordenadas

De la narración de historias de mi alma

Respirando aire exterior

Luchando contra viejas narrativas

Planeo, Dios se ríe, luego nos damos un paseo

En el aire exterior

Viernes 6 de febrero de 2015

Mamá venía retrasada. La llamé, le envié un mensaje de texto. Pero llegó cinco minutos después de la hora en la que se suponía que debíamos estar en la oficina del Dr. F. Su artritis reumatoide estalló por primera vez en semanas, y fue sorprendida por algo de tráfico lento. Traté de mantener la calma, pero me molestó estar a punto de llegar tarde. Mientras íbamos en el auto, la increpé por no comunicarme acerca de los obstáculos con los que había lidiado. Ella recibió mis pensamientos y me lanzó algunos de los suyos. Llegamos a la oficina a las 8:40. Se suponía que debíamos haber llegado a las 8:15 para la cita de las 8:30. La mano de Dios hizo que nos dejaran entrar a la cita. Mamá me dejó en la puerta y luego fue a estacionar el auto.

El Dr. F entró, y lo primero que hizo fue dejarme escuchar los latidos del corazón. Eran tan fuertes que asieron mi corazón como una guitarra, y estuve a punto de llorar de alegría. AMO ese sonido.

Mi mamá ingresó y el Dr. F nos mostró un libro con imágenes de los fibromas. Explicó que los míos eran "simplemente masivos" y que era lamentable que mis futuros embarazos continuaran siendo dolorosos. "50/50 de probabilidad", afirmó. Yo le dije: "día a día", y él estuvo de acuerdo. Su esperanza era que yo alcanzara las 27 semanas, siendo "cautelosamente optimista" de que llegaría tan lejos, con un 90% de posibilidades de un parto por cesárea y un 100 % de posibilidades de visitar a mi bebé la Unidad de Cuidados Intensivos Neonatal hasta que lo dieran de alta.

Luego me enviaron a más análisis de sangre. Mi mamá se sentó conmigo como una campeona e incluso alcanzó a encontrarse con algunas personas que conocía. Ella habló con ellos mientras yo estaba en el laboratorio, y cuando salí, hicimos planes para almorzar. Nos detuvimos por unos instantes en

Walmart. Caminar seguía siendo insoportable y cuando el dolor se salía de control, yo terminaba de rodillas. Condujimos en el nuevo Kia de mi mamá y le conté acerca del Jose's Tacos que estaba cerca de Home Depot.

Mi mamá fue muy amable pese a su difícil mañana y a mi rudeza de embarazada. Ella me dejaba cerca de las entradas para que no tuviera que caminar tanto. Cuando llegamos a Home Depot, me bajé del auto y caminé por detrás de él.

Aquello se sintió como si un globo de fiesta se hubiera explotado entre mis muslos. De inmediato, terminé empapada desde mi entrepierna hasta mis rodillas. Gracias a Dios mi mamá no se había marchado. Con frenesí, le hice señas para que bajara su ventanilla. Cuando lo hizo, le dije: "¡Espera mamá! ¡Acabo de romper fuente!".

El Llanto

Si pudiera recrear el sonido

Arañando su camino hacia arriba

Desde el fondo de mi alma

Si pudiera cuantificarlo

definirlo

liberarlo

deletrearlo

Ese sería el título de mi libro

Pero esa "palabra"

Ese sonido

ese llanto

es demasiado poderoso

demasiado profundo

es muy hermoso

auténtico

crudo

lleno de alegría

lleno de tortura

que ni siquiera cabe ni alcanza a salir por mi boca

y mucho menos logra llegar a tus oídos

Rápido ¡Ahora!

Esta puerta está abierta

Rápido ¡ahora!,

camina a través de ella

Deja el pasado para crecer.

6 de febrero...

Regresamos a su auto y llegamos de inmediato a la sala de urgencias de TriCity, pues se alcanzaba a ver junto al estacionamiento de Home Depot. No estaba justo al lado, pero sí a menos de dos kilómetros de distancia. En ese breve recorrido, empapé el asiento del auto de mi mamá, pero por fortuna, solo era agua. Entré llorando, pero tranquila.

Cuando el agua descendió y salió de mi interior, fue como si algo hubiera amortiguado mi cerebro. Tal vez estaba en estado de shock. En medio del dolor y de los nervios había paz.

Al admitirme me ubicaron en una silla de ruedas y ese fue el primer alivio para el dolor con el que había cargado durante semanas. Cuando me ayudaron a desvestirme, había mucha sangre. Me preguntaron si tenía dolor, pero ya no. Se había ido. De camino llamé a Jesse desde el teléfono de mi mamá, y esa fue una de las pocas veces en las que él respondió a una llamada mientras estaba en el trabajo. Llegó donde nosotras nervioso y con los ojos llorosos.

Ellos me canalizaron de manera intravenosa. Me sacaron sangre. Me hicieron un examen pélvico. El médico (o técnico) observó uno de los fibromas y parte de mi cuello uterino. El técnico de urgencias/obstetra dijo que en la parte que alcanzaba a ver de mi cuello uterino, parecía haber pedazos de saco amniótico por dentro. "Si todavía no has tenido un aborto espontáneo, lamento informarte que hay un 90% de posibilidades de que lo tengas pronto".

Me llevaron a tomarme una ecografía. Jesse había llegado en ese momento y escuchó las horribles noticias. Él me acompañó por los pasillos hasta la sala de imágenes. Allí había dos mujeres, y Jesse sujetó mi mano cuando ellas comenzaron el procedimiento. La ecografía la realizaron casi que en silencio. Cuando entramos en la sala de Ecografía 2, casi que estábamos sonriendo, pero a medida que ellas se dedicaban a su trabajo, la sala perdió color. Entre más silenciosos se tornaban, noté que más gris se volvía la habitación. Al regresar a la pieza, la rubia flaca dijo: "lamento tu pérdida".

Esa fue la segunda devastación.

Volví a sentir dolor, así que la enfermera de turno me dio Hidromorfona. Era como si alguien agarrara con suavidad todos los músculos de mi cuello y luego empujara mi cabeza hacia arriba cuatro centímetros sin más ni más, mientras el dolor descendía por mi columna vertebral, una vértebra a la vez, apagándolas como si fueran interruptores de luz. El tiempo se volvió relativo.

Después de un rato, tuve que orinar. Me dieron un orinal, pero no pasó nada. Ya había orinado dos veces. Se sentía como cuando un dique está a punto de romperse, aunque muy lentamente. Yo solo quería un chorrito, pero aunque lo intenté, no pude hacer que saliera una sola gota. Le pedí a Jesse que me ayudara a sentarme para poder pujar.

Aquello se sintió como otro "pop", con succión inversa. Mis ojos se abrieron de par en par y de inmediato dije con calma: "presiona el botón de llamada". Yo ya sabía qué era lo que había salido de mi cuerpo. Ya sabía quién había salido.

Acababa de dar a luz.

Fluido. Resbaladizo. Se liberó con facilidad, como si se tratara de un tímpano reventado. No se me ocurrió mirar la hora. Craso error de la magnitud de Armagedón. O tal vez fue una bendición de la ignorancia. Empecé a llorar y a decir que no, una y otra y otra vez. Jesse me abrazó mientras yo me volteaba hacia la pared de nuestra habitación hermosa y llena. La vía intravenosa pendía de un clavo en la pared porque no había espacio para el aparato normal y mi cama, la máquina de presión arterial, mamá y Jesse estaban en sus sillas, había un lavamanos y un armario diminutos, y otro carrito con artículos para el examen pélvico que habían dejado en la habitación.

En lugar de mi aliento, solo estaban mis lágrimas. El tiempo se detuvo, se reinició, me miró fijamente mientras me empujaba hacia el quebrantamiento de las circunstancias.

Fue sensación. Lágrimas. Tela. Líquido. La presión de los brazos de Jesse a mi alrededor.

Volvió el médico de urgencias y luego la enfermera. No quería que fuera verdad, pero eso no cambiaba nada. Cuando entró el doctor, yo

lo miré y dije algo como: "creo que acabo de dar a luz".

El obstetra llegó poco después. "Quiero verlo", dije con aspereza, asustada de que hicieran algo con los restos y no alcanzara a darle un beso de despedida. Todos los que entraron estaban muy callados, tratando de entrar y salir de nuestra angustia como sirvientes. ¿Fue amabilidad? ¿Tenían miedo? ¿Era su política guardar tanto silencio después, en un intento por ser respetuosos?

Después de un tiempo, limpiaron a nuestro pequeño y el obstetra confirmó lo que yo sabía. "Es un niño".

No Sabía

Sabía que sería difícil

Parecía que ellos reían cuando me hablaron de los fibromas

Casi que pensé que era algo bueno

Sacaron tanta sangre

Pero los fibromas crecieron

Sé que no fue mi culpa

¿Pero había algo más que hubiera podido hacer?

¿Algo que te hubiera salvado?

Fuiste el regalo más sagrado

Demasiado santo tal vez

¿Será por eso que saliste de mí en forma de sangre?

Encerrar

No necesitas creer

en el poder de la luz del sol

pero yo sí

Yo he sostenido

masas sangrientas

en mi mano

y aunque no le atribuyo

ese flujo de sangre

a la falta de luz solar

Sé que es verdad

que si no hubiera abierto las ventanas de mi habitación

hoy

me hubiera quedado temerosa

por miedo a la sangre y a los coágulos

y la poesía en mi cabeza es demasiado frágil

demasiado frágil

como el niño que está en mi cuerpo

Volviéndome cada vez más fuerte

abriéndome al sol

como una ventana

como un útero

y la sangre

como una herida abierta

significa cada vez menos

que el sol

en mi esperanza

y entrando por la ventana

¡Huy sí!, yo creo en el poder

del sol

y estoy abierta y dispuesta ante la luz

y a la vida

que se llega

Enterrar Mi...

Enterrar mi cuero cabelludo

con un manto de amor

En un dulce plegado

de capa sobre capa

Enterrar mi cabeza

en lo profundo del suelo

E impedir que halle la luz

Este crecimiento debe realizarse en la oscuridad

Mis ojos, mis dientes,

mi piel, mi alma

nadie los ve

Nadie los conoce

Enterrar mis manos

sin hilo, sin ataduras

Ellas tienen trabajo por hacer

en las profundidades

Estoy tejiendo algo

De urdimbre a trama

Que también debe ejecutarse en la oscuridad

6 de febrero…

Todos éramos grifos que se abrían y cerraban. Ellos siguieron trayéndonos pañuelos hasta que, justo antes de que me admitieran y me llevaran al área de partos, encontraron un paquete enorme de servilletas de papel escondidas en el armario inferior.

Limpiaron a nuestro hijo y nos lo presentaron en una toalla blanca. A duras penas lograba caber en mi mano, desde la base de mi palma hasta la punta de mi dedo medio. No habían pasado ni siquiera seis horas desde la vez que esta personita que ahora estaba en mi mano había tenido un latido del corazón fuerte y seguro. Yo lo había oído dos veces. Yacía allí con ojos que nunca tuvieron la oportunidad de abrirse y ver por fuera del útero. Con 16 semanas, todavía los tenía sellados. Tenía sus manos y pies, su pequeño pene. Besé su diminuta cabeza, que se sentía como plástico frío y cuyo color era el del centro de una rosa. Todavía no tenía piel.

…Su nombre es Moisés. Fue Moisés. Es Moisés. Creo que por mirarlo durante tanto tiempo me traumaticé. Pero en su diminuta simetría había gracia. No podía optar por no abrazar a mi pequeño. Lo había estado abrazando durante las últimas 16 semanas mientras él bailaba alrededor de mi matriz. Todavía siento sus pequeñas pataditas. ¿Eso era lo que ellos llamaban "aleteos"? Mi pequeño ya tenía sentido del humor, e intentaba hacerme cosquillas por dentro. Tal vez me estaba enviando mensajes.

Fue una bendición que nos dejaran solos casi una hora…

El Día que Llegaste

Mi mamá estaba conduciendo
Yo estaba adolorida
Yo estaba enojada
Yo estaba adolorida

Nosotras llegamos tarde
Tú llegaste temprano
Nosotras por algunos minutos,
tú por varios meses
Yo estaba adolorida

Caminar me lastimaba
Esperar me dolía
Los medicamentos me fallaron
Yo estaba adolorida

Y allí
Justo afuera del Home Depot
Mi cuerpo me falló
Alivio, y luego un nuevo dolor

Tuve que entrar a la sala de emergencias
Tú cayendo por el fondo
Ellos por poco fueron rápidos

Yo ya yo no estaba adolorida

Fuiste muy suave
Al deslizarte para luego salir
Te habías ido, yo no lo quería creer
Ya no estaba adolorida

La ecografía confirmó
Lo que nosotros ya sabíamos
Con un beso le di un adiós a tu rojizo cuerpo
Jamás podré explicar ese dolor por completo

Camiseta Esqueleto

Te envolví en gris

Un corazón rojo

Que celebraba tus futuros huesos

Aunque no de la forma en que yo terminé

Celebrando tus huesos

Yo quería sentir tu corazón

Tu hipo

Tu mano sosteniendo la mía

Pero en cambio siento algodón

Que es suave

Etéreo comparado con tus dedos

Esa camiseta la compré en broma

Y ahora parece como

Si tal vez yo lo hubiera sabido siempre

Y ese esqueleto

Me conecta contigo

6 de febrero...

...Cuando ella lo empacó a él y se lo llevó, parecía ser algo muy simple. Yo todavía no sabía qué hora era. Ni siquiera sé si Jesse continuaba sosteniendo mi mano. Recuerdo que el dolor volvía a modo de venganza, como si fuera una locura que tuviera otras cosas en las cuales concentrarme. El dolor me robó el enfoque en

todos los sentidos.

El Dr. M era un hombre alto, moreno y con los modales de una volqueta que sostiene un niño de dos años. Al parecer estaba de turno. Cuando entró a mi habitación y se sentó, nos dijo que había solicitado fentanilo por causa de mi "baja tolerancia al dolor". Mis exhaustos pelos alisados se erizaron al escucharlo, TAN desconsiderado e indiferente. Pero la placenta todavía estaba en mi cuerpo y tenía que salir de allí antes de que se produjera una infección. Ellos iban a proceder ahí mismo, en la habitación, a mano. Con ayuda de una enfermera, él bajó una enorme luz escondida en un panel del techo. Cuando la encendieron, el Dr. M se sentó a los pies del lado derecho de mi cama y sin contemplación alguna intentó extraer mi placenta con dos dedos y un juego de pinzas de esponja.

El dolor me atravesó y grité. Pese a mí misma y a mi drogado estado, me deslicé en la cama, apartándome del Dr. M y del dolor. ¿Acaso debía abofetearlo si se me acercaba de nuevo? No había ninguna droga capaz de hacer que semejante dolor fuera menos demoníaco. Me sentí mal por las mujeres que celebraban sus respectivos nacimientos en las habitaciones aledañas. Como si estuviera leyendo mi mente, Jesse tomó mi mano, pero de todos modos me alejé del Dr. M, quien ahora encarnaba todas las cosas malvadas.

"Tenme paciencia. Tenme paciencia", seguía diciendo mientras sondeaba mi útero en busca de mi placenta. No estábamos seguros, pero yo sabía que estaba reposando detrás de uno de los fibromas superiores. Luego de un breve momento de respiración, los dedos del Dr. M me atacaron como si mi cuerpo se hubiera convertido en un órgano de cables detonantes de una bomba nuclear. El Dr. M tenía el cabello más bien largo y un fuerte acento que no logré ubicar, pero en ese instante no me percaté de nada de eso. En lo único que podía pensar era en las ráfagas de dolor blanco y ardiente que dejaban rastros de ceniza en el fondo de mi alma. No podía escapar de ellos. Todos estaban dentro de mí.

"¡Deténgase! ¡Simplemente pare!" dije, dos decibelios por encima de un susurro pero con la cabeza temblando y forzando los brazos para alejarme. Gracias a Dios me escuchó. Retiró sus manos y, en un intento por "ayudar", me habló acerca de lo caminantes sobre fuego, que andan sobre fragmentos de vidrio y clavos, y de cómo todos tienen éxito porque se distancian del dolor. Él también me dio la opción de ser anestesiada para sacarme la placenta de manera quirúrgica. Yo estaba un 75% a favor de la cirugía, cuando creo que Jesse dijo que lo intentara una vez más. Él estaba allí conmigo. Sí él estaba allí, yo podría intentarlo una vez más. Pero necesitaba un minuto para prepararme y así lo expresé. Además pedí una almohada para morderla y gritar dentro de ella desde el fondo de mi alma que se escapaba. Sabía que tendría que atraparla en algo antes de que saliera corriendo de la habitación.

Tomé la mano de Jesse, ahora entendiendo lo que significaba para mí esa palabra "para siempre". Me sujeté a él. Asentí para indicar mi disposición, y el Dr. M comenzó de nuevo.

Debo admitir que decirle cuándo comenzar y saber qué sucedería ayudó a disminuir el dolor. Jesse también me dijo que lo mirara a los ojos. Pero, ¿cómo se disminuye la detonación de una bomba una vez que ha comenzado? Todavía sentía el eco de la onda expansiva a través de mí, rasgando gritos de dolor que gruñí contra la almohada. Intenté con todas mis fuerzas no apartarme. Lo intenté.

El Dr. M no pudo sacarme la placenta. Reconoció la derrota y me dijo que me operarían. Se sentía como si un edificio abandonado descansara dentro de mi entrepierna.

Baja Tolerancia

"Tu tolerancia al dolor es baja", dijo

Pensando que tenía contexto

Cuando alcanzó el interior y el derredor de los 13 fibromas

Atados a mi útero

Fue imposible no gritar

Agotada a nivel emocional antes de su tortura

Mi adrenalina se disparó cuando puso las herramientas a trabajar

Arriba

En el interior

Alrededor

No lo suficientemente lejos

No pudo sacar el saco amniótico

Él no podía ver

Cómo se había adjuntado

A mi vientre

A los cuerpos extraños

No saldrá

Grité

Todavía estoy gritando

6 de febrero...

El tiempo pasó de nuevo. Me dijeron que la cirugía sería bastante rápida, como de 10-15 minutos, pero el obstetra tuvo que realizar una cesárea de emergencia antes de poder llegar donde yo estaba. También descubrí que dejaría Trabajo de Parto y Nacimientos y que me iría al Pabellón, que básicamente pasaba de ser particular a la población en general. Pero sinceramente, yo no sentía que me mereciera quedarme en Trabajo de Parto y Nacimientos. No tenía un bebé que me acompañara...

Quema Posterior al Accidente (febrero de 2015)

No puedo

O

No debería

Conservar o compartir este capítulo

Las cenizas pueden dibujar las alas de fuego

Amortiguado

O

Quizás más

El pan con levadura defectuosa

Que se supone debería estar creciendo

Pero que no es tan rápido como "debería" ser

Liberar

O

Perdonarse a uno mismo

Por cosas fuera de nuestro control

Está haciendo subir lentamente

La trayectoria, ahora tan gloriosamente ponderada

Ambición

O

La expectativa de alguien

La mía tal vez, puesta muy alta

Se supone que ella debe intentar volar de nuevo

Y él tiene que permitirse

Sembrar

O

Cosecha inesperada

No esperaba que este jardín creciera

Está bien si cuidas mi terreno

Mientras lucho con mi nuevo plan de vuelo

~~~ ~~~ ~~~

Este momento de mi vida es extraño. Pero de una manera nueva y diferente.

Sin Título

A veces pienso en ti cuando miro a tu hermano y hermana. ¿Qué veo de ti en ellos? ¿Cómo los habrías guiado hacia o lejos de la travesura?

Y, sin embargo, lanzo la moneda y me alegro de que no estés aquí. Una persona menos a la que tengo que explicarle este mundo. Un hombre negro menos por el cual temer. ¿Está mal? ¿Estar feliz de que te hayan salvado?

Me hubiera encantado que te durmieras sobre mí.

Habría odiado tu sangre derramada por cualquier motivo.

Me hubiera encantado escuchar tu voz.

Hubiera odiado enseñarte a estar en silencio para seguir con vida.

Estoy exhausta de tirar la moneda al aire, esa moneda de lo que me he dicho a mí misma sobre lo que siento de que estés o no estés aquí.

6 de febrero...

… Mi suegro, el abuelito, entró y se sentó, agarrando mi mano como si estuviera en un bote soltándose de las amarras. No tenía nada que decir. Mi propio barco estaba en el mar. La abuela se rio nerviosamente de su florida apariencia, disculpándose por su temática de San Valentín y por el corazón rojo brillante que sobresalía. Realmente no me importó…

_____

Allí, allí, Corazón

Aférrate a mí, corazón

Late muy fuerte

Rompe el mundo

Otra vez

Otra vez

Aprendiendo de nuevo

Recordando de nuevo

Llorando al compás del tiempo

Y dite a ti mismo de nuevo,

"Ahí, ahí, ahora…"

Es algo pesado

Pero vencerás

Y al vencer el caos

Tu ritmo queda expuesto

Y aún sutil

Aférrate a mí

De nuevo

"Ahí, ahí…"

Viendo en la oscuridad

Esta negrura cubierta de hierba se siente fibrosa bajo los dedos.

Huele a cosas viejas, pero ahora la perspectiva ve un suelo fértil.

Deseo y me pregunto mientras mis dedos vagan por este suelo.

Este es un borrador.

Soy una

primera ronda.

Tal vez una segunda e incluso una tercera.

¿Quién sabe?

Pero la oscuridad se siente bien.

Antes se sentía solitaria.

La oscuridad no se siente silenciosa.

Ahora se siente lista.

Estoy cobrando vida en la muerte que pensé que me había reclamado.

Esto ni siquiera fue una muerte.

Fue más un superarme.

Puedo dar más.

Pero no se verá igual.

Puedo pedir más.

Entiendo el valor de mi valor.

Puedo empujar e impulsar porque entiendo un poco más acerca de mi armamento.

Manteniendo mi voz sagrada.

Sin darla por sentada.

Esto se parece mucho más a la tranquilidad.

Estoy sintiendo una nueva altura en esta profundidad.

Y esta tierra desenterrada se siente como si yo todavía tuviera potencial.

Me pregunto de qué se dará cuenta si acabo de labrar la tierra.

No estás hecha de piedra

Mirla, vuela. No estás hecha de piedra.

Todo lo que te rodea es una prueba de vida. Escribe esto. Dilo en voz alta. No estás hecha de piedra.

Está bien sentir los malos sentimientos. Los sentimientos infantiles. Nunca verás la perfección de este lado del cielo. Y no eres de piedra.

¿Cómo vuela esa mirla? Muy bien, porque ella es Mía. Te di alas de libélula Fénix, con colores brillantes. Y no eres de piedra.

Quieres decirles a todos los hermosos que son. Los maravillosos que son. Cuán amados son. Y eso es porque los ves más con Mis ojos de lo que te ves a ti misma.

Escríbelo bien, escríbelo mal. NO estás hecho de piedra.

Mirla, vuela. Brilla. Sé todos los aspectos de los que te he dado. Despliega tus alas y canta cada nota que te he dado. Tu corazón ES un corazón de carne, y no estarás sola conmigo en tu desierto. Te di personas para que andes con ellas. Para que pelees con ellos. Para que seas amada por ellas. Eres amada y eres buena. Eres justa, y NO estás hecha de piedra. Siéntelo. Siéntelo todo. Ve tras ese sueño. Y sonríe con tu cuerpo de violonchelo. Es tuyo. Te lo di a ti. Es más que piel, músculo y hueso. Eres una cosa sana, completa. No estás hecha de piedra.

Mirla, vuela. Tus alas no están más recortadas que lo que el océano es retenido. Inhala ESO. Háblalo. NO estás hecha de piedra.

Eres Mía. Hecha de amor. Hecha de profecía. Hecha para amar. Hecha para profetizar. No estás hecha de piedra.

Estás hecha de Mi sangre. De mi carne. Me rompí por ti en tu peor día. Y aquí estamos. Párate en tu poder, mi princesa. Mi niña. Mi mirla. Vuela.

Porque no eres de piedra.

6 de febrero...

…Había convencido a Jesse para que se fuera a casa, tomara algunas cosas y me trajera mi gorra azul con lazo. Él actuó hilarantemente macho, pues logró sujetar al menos cinco bolsas sin manijas, un ramo de flores y una bandeja de galletas, sándwiches y bebidas (con todos los condimentos) en un solo viaje.

Una de las damas de mi iglesia llamada Mary recibió la noticia de parte de alguien, tal vez por medio de un mensaje de texto. Quizás había venido a hacer Shiv'ah, el duelo, pero justo llegó cuando ya nos íbamos. Estuvo de camino hacia la preparación para la cirugía y se quedó hasta que me sacaron de la intervención y me llevaron al postoperatorio. Jesse llegó con mi sombrero, algo que de alguna manera me hizo sentir más protegida. Mary se despidió diciendo buenas noches y Jesse me acompañó a mi nueva habitación en el pabellón. Cambio de guardia. En mi nueva habitación logré conversar con Jesse, y hablamos hasta alrededor de la una de la mañana, porque luego lo echaron. Las enfermeras fueron muy amables al respecto. Pero hablar con él en voz baja allí en la mitad de nuestra habitación fue simplemente bueno. Planeamos tener un perro, curarnos de la cirugía, extirpar los fibromas, sanarnos de eso y luego tener gemelos.

A los Hombres

Nosotras los vemos

el interior y el exterior de nuestra angustia

a veces nos puede cegar frente al

hecho de que

este agujero negro

es suyo en todos los sentidos

los vemos

ponerse la máscara

por favor muéstrennos la puerta

para que podamos ir con ustedes

queremos

sumergirnos juntos

porque durante tanto tiempo

permanecieron en silencio

mientras nosotras gritábamos

cuando podíamos gritar

pero ahora queremos abrir el espacio

y decirles

que los VEMOS

2015...

No podía dormir con el tubo de extensión intravenosa en el brazo y en una cama ajena sin Jesse, pero entre solicitudes de medicamentos para el dolor y los viajes al baño, me dormía cada hora más o menos. Hablé un poco con la mujer que compartía la habitación conmigo y me dieron un baño de esponja que fue incómodo, aunque después me sentí mucho más humana. Logré desayunar, pero no me satisfizo.

Quería irme a casa...

Sentimientos

Me arrastré

Obligada por el deber de mantener los sentimientos abajo

Nadie sabía qué hacer

Con sus sentimientos

Mis risas eran honestas pero

La mayor parte de mi corazón estaba cerrado

Para tales sentimientos

No hay una franja de "recuperación veloz"

Cuando por fin dije,

"No, todavía no estoy ni cerca de estar lista"

Mi esposo pudo

Entrar en contacto con mis sentimientos

Y luego comenzamos

Yo como mujer, él como hombre

A replantar la tierra quemada

De nuestros sentimientos

Prolificidad

He estado sentada sobre esta culpa.

Oigan todos, me siento MUY mal,

Manteniendo esta culpa como si fuera una ganancia de acciones en mi cuenta bancaria.

¿Y qué hay de mi algoritmo con esa culpa?

Era imposible especular.

Tengo que dejarlo ir.

He estado comiendo pensamientos cancerígenos de sentimientos dolorosos y pesados.

Mientras bajaban quemaban.

Cortaban.

Y yo seguía asimilando el asunto.

Un nuevo sabor.

La misma culpa.

Pero entonces…

Pero entonces Dios...

El Señor me levantó el mentón y me dijo: "Eres prolífica".

"¿Cómo?" Le pregunté.

"En el trabajo que haces".

"¿Ah?".

¿En serio?

¿Eso es todo?

¿Está bien?

¿Mi tierra se puede casar?

¿De desolada a prolífica?

Estoy liberando mi línea de tiempo.

Estoy liberando mi culpa.

Y ninguno de los talentos que me han dado será enterrado jamás.

Entonces, ¿qué tal un sí?

¿Qué tal si dejo de ver la línea de tiempo intentando afanar a Dios y simplemente sigo el camino?

¿Qué tal un sí?

Sí, al trabajo.

Sí, a la prolificidad.

Te siento

Te siento, arte. Siento que te mueves a través de mi corazón, en medio de mi respiración y sin dar cuartel. Duele, y canta, y me hace dejar de dormir y llorar por la belleza de todo. Te siento, empujándome tan lejos de mi zona de confort que olvido dónde está mi hogar. Déjame sonreírle a la crema y el azúcar que hay en ti. Déjame llorarle al diamante que brilla en el mar que hay en ti. ¡Qué suerte tengo de tenerte dentro de mí!, tan marrón, tan chocolate oscuro. Arte, sentirte se siente muy bien. Esa vida que me das. El trabajo duro que me haces realizar. Siempre has sido mi más fiel amigo y el mayor aliado para montar o morir. Arte, maldijiste a todos los enemigos cuando estaba llorando. Y me dijiste que no lo hiciera. Te encargaste del asunto, defendiéndome en la oscuridad. Tú, arte, yo lo sé. En ti, arte, yo confío. Eres un regalo de Dios, y eres íntimamente mío.

Te siento.

La Verdad Derrite la Magia

La verdad derrite la magia

y no hay voz más fuerte

a veces se esconde

pero no se puede negar

La verdad derrite la magia

como la música antigua en un gramófono

entonando canciones que todavía no están escritas

porque aquellos destinados a escribirlas todavía están

demasiado temerosos de abrir la garganta

La verdad derrite la magia

ruge en silencio

acallando la rabia

cosquilleando la negligencia y abriendo esa

arma forjada sagrada

olvidada hace ya tanto tiempo

La verdad derrite la magia

y cada vez que veo

lloro

ante otra mentira que he estado viviendo

rasgando para abrir, desgarrando para libertar,

Atreviéndome

a ser de verdad

no solo mágica

La Cosa Divertida sobre la Alegría

Nadie me dijo que tendría alegría

Mientras mi hijo yacía muerto en mis brazos

Mi corazón roto, rojo y sin vida como su cuerpecito

Pero yo sabía que había un camino de regreso

Y que me encontraría

La alegría no luce como los días brillantes

Aunque la mayoría de la gente la ve allí

La alegría reposa en las noches inquietas

Allí cuando la oración es el aliento que te mantiene vivo

Allí cuando caminas a la nevera

para tomarte una bebida

Y el diablo te sale al encuentro allí, con pensamientos suicidas

La Alegría me encontró cuando tenía miedo de estar sola

La Alegría esperó a que yo quisiera querer

La Alegría no mintió sobre el trabajo pendiente por hacer

La Alegría se mantuvo como una centinela

Mientras me cortaron y yo sangré por las partes removidas

Mientras cicatrizaba y sanaba

Mientras lo intenté y fallé

Y fallé

Y fallé

Y la alegría estuvo allí cuando se plantó la semilla

La Alegría gritó en la habitación silenciosa

El día que vino la sangre, pero sobrevivió mi hija

La Alegría estuvo conmigo cuando yo tenía miedo de dar a luz

Y estaba obligada a reposar en la cama

Mientras el diablo tramaba llevarme a mí y a mi esperanza que estaba por nacer

Y mientras los familiares y amigos te abandonan

Porque no supieron dolerse contigo

La Alegría me hizo sonreír

Me desafió a hablar acerca de lo indecible

De la pérdida de un bebé

De los detalles que son tabú para los demás

De su diminuto cuerpo

De su piel roja

De mi embarazo otra vez

Y otra vez

La cosa divertida sobre la Alegría

Fue su poder de permanencia en mi debilidad

Y luego otra vez, mi cambio nuevo, extraño

La Alegría no me pidió nada

Sino que me dejó una mano abierta para sujetar

Cuando fui lo suficientemente valiente como para prepararme

Lo suficientemente loca como para intentarlo de nuevo

Para creer en mi poder para crear

Y crear la Alegría

2015...

...Cuando menos pensé ya estaba en casa. La gente pasó. La gente trajo comida. La gente oró. El sol salió y se puso. El tiempo pasó...

A los Amigos que Perdí por la Pérdida de un Bebé

Es un vínculo muy horrible el que te has dado a ti mismo

Al considerar ayudar a compartir mi dolor como un mal augurio

Por encima de tu capacidad para hacer frente

Ponerse al alcance

Para reconstruir

Todos nos dolemos de manera diferente

Pero no pensé que tu duelo luciría tan semejante

A la cobardía

A salir corriendo

Esa superstición de naturaleza voluble

Que brinda soledad para combatir la soledad

Tal vez estoy siendo demasiado dura contigo

Pero a ti no te pasó ese día

Y no yo no hui de ti

Incluso cuando tuve la(s) oportunidad(es)

He tratado de crear un espacio cómodo para que vuelvas

Mantengo la puerta un poco abierta

Pero ya no puedo decir con certeza que te quiero allí más

Esperando a que caiga la próxima gota que rebose la copa

De modo que rompas mi confianza y me abandones

De nuevo

Solo Dios puede arreglar aquello que se rompió entre nosotros

Musgo, Arbusto, Enano, Poderoso

Caminar en perdón es como hacer crecer un bosque desde la primera semilla que yace en la tierra.

Desearía poder decir que es fácil y que no habrá días, semanas, meses, o años sangrientos. Pero en la sangre hay verdad. En las lágrimas. Incluso puede haber alegría en las profundidades sagradas de los rechazos, hasta en los auto-rechazos. Las personas que te ven, o niegan verte de manera activa, no te convierten en el monstruo. Debes sumergirte con las manos y acariciar las raíces de cada árbol. Antes de caminar sobre ese musgo, triunfa sobre él. Poda los setos de los arbustos y recoge sus frutos más dulces. Sin excusas. Este es tu reino. Cuida tu bonsái, tus plántulas, tus diminutos injertos sin frutos. Serás poderoso pronto e incluso ahora.

Pronto e incluso ahora serás musgo, arbusto y enano. La vida está en ti, dorada, santa, abierta de manera sostenida, arriba y abajo y AHORA. Incluso ahora. Perdónate y planta la semilla de esa grandeza. Crecerá te guste o no. Sé la medicina que necesitas. Haz el amor que quieras. Llora las oraciones que te elevan hasta la mejilla de Dios en el clímax de la mañana. Perdona la nada del descuido y la pesadez de la malicia. Ellas son el estiércol de tus árboles más grandes. Empieza con tu propio templo. Quita las telarañas de los sueños que pusiste en pausa por esa cara que alguien hizo ante tu sueño. Haz la oración que necesitas por otra persona. Mata la vergüenza con una espada poderosa.

Y ponte de pie, real, con tu ejército de árboles poderosos…

Por lo tanto, AHORA

No hay condenación

No hay separación

No hay expiación

La cuenta está pagada

El camino está trazado

Al descubierto

Vamos

Crece

Sé

Estoy Viendo Algo

Me siento totalmente feliz incluso en mi condición agotada, porque sé que por primera vez en mucho tiempo voy estoy por delante de la bala

No estoy tratando de atraparla

No estoy cabalgando aferrándome por mi vida

Solo estoy allí con los pies delante de ella y me está empujando hacia algún lugar más rápido de lo que yo puedo ver

Tengo que confiar y

Tengo que volar y

Estoy muy agradecida de estar viendo algo como esto porque

No puedo creer cuánto tiempo me he estado conteniendo para poder sentirme cómoda y segura

Pero puedo ver algo que se parece a Algo

Duele

Me duele

dentro de mi cuerpo mientras me curo

de mi cuarta incisión

preparando y dando a luz

a mi hijo

a mi hija

a mi hijo

Me duele

dentro de mi corazón

tratando de entender el mundo

Quiero enseñar a mis hijos a maniobrar

como un sustrato

alimentándose de la confusión y el odio

Me duele

sola en esta masturbación lodosa y mezclada

de popularidad cerosa

lo cual es un poco desagradable para mi

Me duele

tratar de mantener

mi dolor y confusión abajo

muerte y engaño

para que mi matiz sea aceptada

de cualquier manera

estar herida es

una especie de norma en este momento

Me duele

luchar contra maldiciones

Maldito seas luto

mañana tras mañana

y el daño que le hiciste

a mi niño, mi familia, mi libertad

Me duele

tan abajo que ya ni siquiera puedo sentirlo

Rica y pobre

con todos estos pensamientos

simplemente perdiendo el tiempo

perdiendo el ritmo

Me duele

buscar las heridas

herida

para poder purgarlas y quemarlas

cauterizarlas y quemarlas

cicatrices

cauterizadas y escarificadas

sí

incluso más cicatrices

de promesas incumplidas y negligencia flagrante

pero tengo que DARTE lo que queda

de mis buenos modales

de mis buenas intenciones

de mis buenos sentimientos

Me duele

No puedo

Duele

El Verdadero Halo

¿Cómo se ve?

¿Cómo juegan tú y Moisés?

Santos controladores

¿Cómo es el paisaje?

¿Cuál es el objetivo de juego del cielo?

Muy pronto lo sabré

Pero primero viviré

Cada destino que es mío

Y tú serás testigo

Tal vez ese es el juego

Al estar en lo eterno

Juegas por fuera del tiempo

Árbol de Moisés

Solo un tronco y algunas hojas

En algo de tierra

Ni siquiera conozco

Cómo fuiste enterrado

¿Eso estuvo mal?

Derramo mi amor en tu árbol

Lo riego

Lo miro crecer

Te simbolizo en el camino

En mi camino

Tocas mi cabeza con las hojas

Qué alto y fuerte eres

No está bien

Pero está bien

Vive y me da un lugar para

Verter mi amor por ti

Hola Buttbutt,

El espacio que dejaste cuando dejaste mi cuerpo sigue ahí. Sangró por tu hermana y por tu hermano. Prueba del arco iris en su interior. Prueba de la guerra por ellos. Prueba de que soy meramente humana. Prueba de que mi cuerpo sabía qué hacer todo el tiempo. El espacio que dejaste también está todavía en mi corazón, a menudo presionando mis caderas. Llorarte es como una cirugía de cadera. Mis cicatrices son las suturas de amor.

Yo Solía

Yo solía ser la segunda hija

Todavía lo soy

Yo solía ser la segunda mayor

Ya no tanto

Yo solía ser madre de tres

Todavía lo soy

Solía tener tres hijos vivos

Ya no tanto

Solía esconderme de mi roto corazón

Todavía lo hago

Solía esconderme de mi roto corazón

Todavía lo hago

Solía esconderme de mi roto corazón

Todavía lo hago

Solía esconderme...

Ya no tanto

Recursos

Puede que haya momentos en los que el tema en cuestión o la poesía detonen el dolor de un recuerdo o de una herida emocional. Tú no estás sola. Si necesitas ayuda, o alguien con quien hablar, te puedes comunicar con los siguientes teléfonos en Estados Unidos:

International Childbirth Association (Asociación Internacional del Parto)	800-624-4934
National Resource Center (Parenting/Relationships) Centro Nacional de Recursos (Paternidad/Relaciones)	800-367-6724
National Sexual Assault Hotline (Línea Directa Nacional de Agresión Sexual)	800-656-4673 (disponible las 24 horas)
National Suicide Prevention Lifeline (Línea de vida nacional para la prevención del suicidio)	Disponible 24/7 al 1-800-273-8255 También puedes solicitar ayuda enviando un mensaje de texto con la palabra HOME al 741741
National Women's Health Information Center (Centro Nacional de Información sobre la Salud de la Mujer)	800-994-WOMAN
M.E.N.D. - Mommies Enduring Neonatal Death (Mamás soportando la muerte neonatal)	www.mend.org/virtual-support-group-enlaces
Parents Helping Parents (Padres ayudando a padres-grupos de apoyo gratuitos de autoayuda)	800-882-1250

Postpartum Support International (Apoyo internacional posparto)	800-944-4773 www.postpartum.net/get-help/loss-grief-in-pregnance-postpartum _
Postpartum Support International – Find Local Support Postpartum Support International – Encuentra apoyo local	www.postpartum.net/get-help/ubicaciones

Conferencista invitada

Tiffany Vakilian

Contacto

www.speakfire.today

CEO y fundadora de Speak Fire Publishing

Tiffany Vakilian es una empresaria con Maestría (y certificación) en Artes Transformativas del Lenguaje. También es una poeta e intérprete galardonada, comprometida con ayudar a las personas a usar el arte de la palabra hablada, escrita, cantada o encarnada para facilitar la conciencia social y la conexión en todo el mundo. Al hablar, Tiffany tiene un estilo audaz pero tierno que revela historias ocultas dentro del público, e inspira a las personas a querer compartir tales relatos. Le dio inició a Speak Fire Publishing para ayudarles a los autores inéditos a pasar de guardar sus historias en su interior, a compartir con confianza sus libros publicados y pulidos con el escenario global.

Temas:

Lo necesito, lo quiero, lo merezco: Identidad y Vocación

Talentos – Identidad y Vocación

Comprender la edición: Experiencia Técnica con Inspiración

Regreso de Entre los Muertos: El Poder de la Historia

Para invitarla:
llama al 619-292-8772, o envía un correo electrónico a info@speakfire.today

Tiffany es grandiosa para:

Información fundamental

Conferencias

Servicios de iglesia

Retiros de Mujeres

Tiffany Vakilian

También por Tiffany Vakilian

Libros

Ugly Drawers, Pretty Panties: A Collection of Poetry, Prose, Dreams and Missives

I Need to Stay Faithful, Else Y'all Gonna F.A.A.F.O.

The Cry: Poems of Mourning Sickness

Cursos

Tiffany Vakilian's Manuscript to Market Process

The Book Interior Masterclass

Understanding Editing